Extrait de l'Annuaire de la Société Philantropique,
ANNÉE 1854.

NOTICE

SUR

M. HUSSON,

MEMBRE DE L'ACADÉMIE DE MÉDECINE, MÉDECIN DE L'HOTEL-DIEU,

MÉDECIN CONSULTANT DE LA SOCIÉTÉ PHILANTROPIQUE,

Lue au Comité d'administration, dans la séance du 9 décembre 1853,

Par **M. le Dr ROUSSEAU**, l'un de ses Membres.

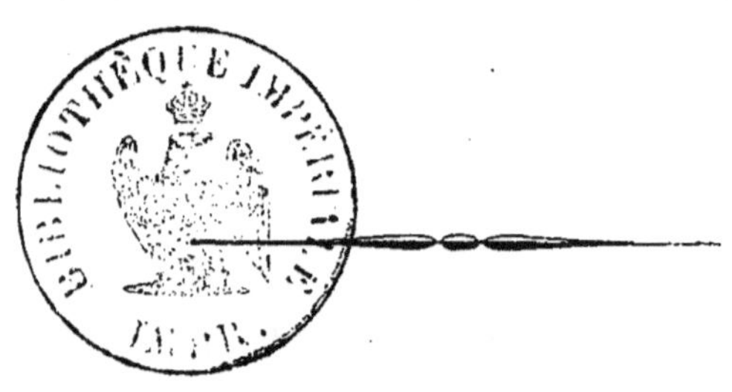

PARIS,

IMPRIMERIE DE WITTERSHEIM,
RUE MONTMORENCY, 8.
1854

NOTICE SUR M. HUSSON,

MEMBRE DE L'ACADÉMIE DE MÉDECINE, MÉDECIN DE L'HOTEL-DIEU,

MÉDECIN CONSULTANT DE LA SOCIÉTÉ PHILANTROPIQUE.

MESSIEURS,

Parmi les hommes réellement utiles à l'humanité qui ont disparu de ce monde pendant l'année qui vient de finir, il en est un surtout dont les services sont tracés en caractères ineffaçables dans les annales de la Société philantropique.

Cet homme, vraiment digne de reconnaissance et de regrets, a mis soixante ans d'une vie active et laborieuse au service de ses semblables; pendant soixante ans il leur a prodigué ses soins, leur procurant la guérison souvent, et toujours leur donnant des soulagements et des consolations. Il a eu la gloire d'être l'un des trois premiers introducteurs et le plus actif peut-être des propagateurs de la vaccine en France; il a fait partie, comme médecin titulaire, de cette première et forte génération médicale qui a inauguré les cinq dispensaires à leur ouverture, le 6 prairial an XI; pendant quarante ans au moins, médecin de l'Hôtel-Dieu et du Lycée impérial et

Louis-le-Grand, il commençait tous les jours à six heures du matin, hiver comme été, sa journée de labeur en faveur des malades de ces deux établissements, qu'il visitait les premiers. Ce qui ajoute encore au mérite de M. le docteur Husson, dont vous avez sans doute deviné et prononcé le nom, c'est qu'il est resté fidèle à la dignité de sa profession ; c'est qu'il n'a jamais déserté la science que Quintilien lui-même proclame la plus utile de toutes ; c'est qu'il n'a pas aspiré à faire partie de ces pléiades de savants qui ont cherché ailleurs une illustration équivoque que payèrent beaucoup trop cher les misères et les larmes de leurs concitoyens. Il a voulu être médecin et mourir médecin. *Medicina nusquàm non est*, il se contentait aisément de ce témoignage de Celse et de celui de Descartes (1).

M. Husson est entré dans la vie sous d'heureux auspices. Il naquit d'un père instruit, honnête et bienfaisant, au sein de cette intéressante cité de Reims, si féconde en souvenirs de tous genres, depuis le baptême de Clovis, le sacre de Philippe-Auguste et la naissance de Colbert, jusqu'au chanoine Maucroix, chez qui La Fontaine, Boileau et Racine allaient joyeusement, et tous trois de compagnie, savourer largement le vin pétillant du savant traducteur des Dialogues de Platon et des Homélies de saint Jean-Chrysostôme (2).

---

(1) S'il est possible de trouver quelque moyen qui rende communément les hommes plus sages et plus habiles qu'ils n'ont été jusqu'à ce jour, je crois que c'est dans la médecine qu'on doit le chercher. (DESCARTES, discours sur la méthode.)

(2)   Il n'est cité que je préfère à Reims,
    C'est l'ornement et l'honneur de France.

                 (LA FONTAINE.)

Le père de M. Husson, médecin très-considéré de la ville de Reims, envoya de bonne heure son fils faire ses premières études à Laon dans la pension d'Herbigny, la plus florissante des trois maisons que possédait alors la ville; la plus faible des trois avait 150 élèves. Toutefois il n'y resta pas longtemps; sa destinée devait suivre une autre route. Le conseil municipal de sa ville natale, voulant honorer dans le fils les services, le zèle bienfaisant du père, fit passer ce fils comme boursier au collége Louis-le-Grand, à Paris; et il lui continua même son bienveillant patronage après qu'il eut fait à ce collége avec succès ses humanités, dont il conserva les fruits précieux toute sa vie, le lui accorda encore quand il se livra à ses études médicales, qui furent bientôt violemment suspendues par les excès toujours croissants de la Révolution. Les massacres de septembre ne lui permettaient guère de rester à Paris, loin de sa famille; il secoua la poussière de ses pieds, et dès le 8 du mois il se mit en route pour retourner à Reims auprès de ses parents. Il se rendit ensuite, en qualité d'élève chirurgien, à l'armée du Nord, commandée par Dumouriez, et assista à la retraite de cette armée. Un peu plus tard, il revint à Paris, à l'école de santé, reprendre le cours de son éducation médicale qu'il avait suspendue avec tant de regret.

Ce fut en 1799, à l'âge de vingt-sept ans, qu'il soutint sa thèse de docteur; il l'avait composée sur une nouvelle doctrine des tempéraments; la preuve qu'il n'avait pas trop présumé de ses forces en adoptant un pareil sujet, c'est qu'il fut publié dans la suite une nouvelle édition de ce premier travail.

Pourvu du titre nécessaire de docteur en médecine et d'une instruction littéraire peu commune, il n'attendit pas longtemps les occasions qui devaient tirer d'abord son nom de l'obscurité et le mettre en évidence, étendre sa réputation

naissante, ouvrir devant lui le chemin des distinctions scien-
tifiques et médicales.

La plupart des institutions contemporaines de bienfaisance
transmettront à la postérité, avec une auréole de gloire et couvert de leurs bénédictions, le nom du noble personnage à qui
nous sommes le plus redevables de l'introduction de la vaccine
en France.

M. le duc de La Rochefoucauld-Liancourt, à la fin de l'émi-
gration et pendant son séjour forcé en Angleterre, avait été
témoin des premiers succès de l'inoculation du vaccin, pro-
venant du *cow-pox* ou variole de la vache. Ce fut lui qui, en
échange de la proscription dont il avait été frappé, rapporta
dans sa patrie le bienfaisant préservatif dont il avait vu, de ses
propres yeux, les heureux effets.

M. de La Rochefoucauld-Liancourt crut tout d'abord devoir
s'associer le docteur Thouret, directeur de l'ancienne Ecole de
médecine, dont l'infatigable activité et l'influence médicale furent pour lui d'un grand secours.

Ce fut par ces deux hommes éminents, qu'au moyen d'une
souscription volontaire, le premier comité de vaccine fut éta-
bli en France. Ils y appelèrent à représenter la médecine
MM. Corvisart, Pinel, Hallé, Chaussier, les maîtres de la
science, et plusieurs autres encore.

Cette réunion vraiment imposante d'hommes célèbres com-
prit naturellement qu'il fallait donner à ses travaux une forte
et puissante unité; elle voulut avoir pour secrétaire un jeune
homme plein d'ardeur, d'intelligence et d'initiative; et elle fixa
son choix sur M. Husson, qui lui était présenté par le docteur
Thouret.

Le comité de vaccine ne tarda pas à devenir une institution
nationale sur la proposition de M. Chaptal, alors ministre de
l'intérieur. Son jeune secrétaire en fut, comme on l'avait bien

prévu, le membre le plus actif, le plus laborieux; il en devint, comme l'a dit depuis son successeur, l'âme et la lumière.

Pendant vingt ans sans interruption, M. Husson a vacciné publiquement deux fois par semaine tous ceux qui venaient réclamer le bienfait de la vaccine; il correspondait sous le couvert du Ministre de l'intérieur avec les départements, qui étaient au besoin pourvus par lui de fluide vaccinal. Au milieu de ces premiers travaux, il publia son ouvrage intitulé : *Recherches historiques et médicales sur la vaccine*, ouvrage qui eut deux éditions dans le courant de l'année 1801. Enfin, vingt ans plus tard, en 1821, il fit insérer dans le grand *Dictionnaire des Sciences médicales* tous les articles qui ont la vaccine pour objet. Ces écrits sont restés classiques dans la matière.

M. Husson n'était donc plus un homme inconnu quand il fut appelé par les premiers fondateurs des cinq dispensaires aux fonctions de médecin titulaire, qu'il vint exercer au quatrième au moment de sa création. Ce dispensaire et le cinquième furent d'abord établis ensemble, rue de la Bûcherie, en face de l'ancienne École de médecine ; car c'est, on s'en souvient, dans une rue fort insalubre, non loin de la place Maubert et de la rue des Rats, que résidait modestement, au siècle dernier, la très-salubre ou salutaire Faculté, *saluberrima facultas Parisiensis*.

Là, MM. Husson et Ribes, tous les deux titulaires, l'un comme médecin et l'autre comme chirurgien, trouvèrent pour collaborateurs, pour guides et pour maîtres, des hommes tels que MM. Hallé, Pinel, Antoine Dubois, et ils se montrèrent dignes d'un pareil patronage.

Trois ans après M. Husson fut choisi par ses collègues pour faire en assemblée générale le quatrième rapport sur le service médical. Dans cette tâche il avait eu pour prédécesseurs Tartra, Louyer Villermay, et cet infortuné Buisson, parent si distingué de Bichat, et continuateur de son anatomie descriptive. Buisson avait succombé avant l'âge de 30 ans à la phthisie pulmonaire; M. Husson était condamné, ce même jour, à raconter sa vie si noblement remplie et sa mort prématurée. En se présentant pour lire son rapport, il succéda à M. Mathieu de Montmorency, qui venait de parler comme secrétaire, et il fut remplacé lui-même par le vénérable Dupont de Nemours (1). C'était ce philanthrope, ancien collaborateur et ami de Turgot, et membre de la première Constituante, qui avait encouru la colère d'un peuple en délire pour s'être montré fidèle à Louis XVI, et pour avoir combattu la création des assignats. Il justifia une fois de plus ce que disait la Boëtie, l'ami de Montaigne : « C'est le naturel du menu populaire, il est soupçonneux à l'endroit de celui qui l'aime, et simple envers celui qui le trompe; ne pensez pas qu'il y ait nul oiseau qui se prenne mieux à la pipée , ni poisson aucun qui s'accroche mieux dans le haim. »

De vos dispensaires, Messieurs, M. Husson passa dans le service actif des hôpitaux à la Pitié et à l'Hôtel-Dieu. Là nous l'avons vu déployer un zèle et un talent qui ne se sont jamais démentis.

Je ne le suivrai pas plus longtemps, Messieurs, dans les détails de sa belle carrière (2), je craindrais trop d'abuser de

---

(1) Rapporteur de la Commission des Sociétés de Prévoyance.

(2) Ces détails se trouvent dans l'intéressante notice insérée dans la *Gazette des Hôpitaux,* par M. le docteur Bricheteau, membre de l'Académie de Médecine et ancien médecin titulaire des Dispensaires de la Société Philantropique.

votre temps et de votre bienveillante attention ; mais je ne puis pas, sans me reprocher un peu d'ingratitude envers lui, passer complétement sous silence son enseignement clinique de l'Hôtel-Dieu. Cet enseignement a laissé de précieux souvenirs et des germes féconds d'instruction dans l'esprit de tous ceux qui l'ont entendu. Il était nourri des principes de l'école de Corvisart et des bonnes traditions de l'école de Vienne, et le professeur ajoutait à ces richesses tout ce que lui fournissaient l'observation et les travaux de chaque jour ; car M. Husson, auteur en partie et témoin de l'heureuse révolution opérée en France par la vaccine, n'était pas homme à négliger un progrès, pas même ce qui avait l'apparence d'un progrès, dans une profession dont il n'était pas le dernier à déplorer l'insuffisance.

Les succès qu'il obtint dans son cours de médecine clinique ne firent que rendre plus cuisants les regrets qu'il eut de ne pas voir s'accomplir le dernier de ses vœux, car sa légitime ambition visait à remplir une des chaires de l'Ecole de Médecine. Le concours n'existait plus alors, et M. Husson n'était pas dans ce courant d'influences qui, dans toutes les compagnies, conduit au succès. Le scrutin ne lui fut pas favorable. Corvisart, son maître et son ami, encore plus accablé d'infirmités que d'années, ne pratiquant plus, ne professant plus depuis longtemps, voulut donner sa démission, dans l'intention expressse de favoriser une promotion qu'il désirait ardemment. Vains efforts ! La démission ne fut pas acceptée, par respect, bien entendu, pour l'illustre vieillard ; et d'ailleurs l'exemple d'une démission pour cause d'infirmité dans un corps inamovible, y rencontre généralement peu de faveur et de sympathie.

A cette disgrâce près, M. Husson poursuivit jusqu'à l'âge de 74 ans son utile, sa brillante carrière, et son active vieillesse supportait encore avec courage les travaux de l'âge mûr. Mais une affreuse catastrophe vint jeter un deuil immense au milieu d'une famille si heureuse et qui méritait si bien son bonheur. Le docteur Léon Husson, digne fils d'un pareil père, mourut au bout de quelques jours de maladie, et tout fut terminé pour son malheureux père.

Ce père désolé voulut abandonner Paris et renoncer aux fonctions publiques, mais il continua à faire de pénibles efforts pour vaincre l'insurmontable dégoût qui l'obsédait, et après quelques années d'un travail que n'encourageait plus le bel avenir promis à son fils, il s'aperçut un des premiers qu'il ne trouvait plus dans son intelligence les mêmes trésors qu'autrefois, et quand survinrent les hallucinations, il fut encore des premiers à les déplorer dans leurs moments d'intermittence.

M. Husson succomba à l'âge de 81 ans après deux années environ d'affaiblissement et de langueur; il mourut d'un engorgement pulmonaire, et ce qui rendit sa mort plus lamentable, c'est qu'il était inexorablement retenu dans la position horizontale par une fracture du col du fémur.

C'est toujours un douloureux spectacle que celui des hommes de cette trempe tombant avant leur mort dans le désordre des facultés intellectuelles. Les plus grands génies n'y ont pas toujours échappé. Newton, à l'âge de 50 ans, perdit momentanément la raison; il paraît qu'à partir de cette époque il ne publia guère que le résultat de ses méditations antérieures. Voilà un de ces problèmes désolants qui occupaient les Pères de l'Eglise, comme les philosophes païens (1), et qu'il faut se

---

(1) Modus quoj corporibus [adhærent spiritus omninó mirus est, nec comprehendi ab homine potest ; et hoc ipse homo est.

(AUGUSTINUS, *de Spiritu et anima.*)

hâter de ranger parmi les vérités qui ne sont pas réservées à la terre et que la raison humaine ne résoudra jamais. Ce problème n'en est pas moins un texte inépuisable pour ceux qui aiment, comme dit saint Bernard, à rendre raison de tout par la raison, même de ce qui échappe à la raison, et qui veulent sans cesse, comme disait encore saint Bernard, aller au delà de la raison par la raison. Avec les hommes qui, par leurs pernicieuses dissertations, voudraient ravir à l'humanité sa dernière consolation, il est bon de se rappeler quelquefois le dilemme foudroyant qu'Erasme adressait à certains philosophes de son temps : « Si la philosophie, leur disait-il, vous a faits ce que vous êtes, c'est une peste; si elle n'a pu vous changer, c'est une chimère. » *Pestilens res sit oportet philosophia, si tales reddit; inefficax ac diluta, si non mutat.*

Mais non, la saine, la vraie philosophie est comme la saine, la vraie médecine : elles guérissent nos maux, les soulagent du moins, et leur prodiguent les consolations ; avec elles nous pouvons penser en liberté que les hommes tels que M. Husson ne sont pas traités après leur mort comme le quadrupède ou le cétacé, et qu'ils reçoivent dans une vie meilleure la juste récompense de tout le bien qu'ils ont fait dans ce monde et des souffrances qu'ils ont endurées avec résignation.